D1370507

Je veux être médecin

JE VEUX ÊTRE

Médecin

DAN LIEBMAN

FIREFLY BOOKS

A FIREFLY BOOK

Publié par Firefly Books Ltd. 2006

Première impression 2006

Catalogage avant publication de Bibliothèque et Archives Canada
Je veux être médecin / Dan Liebman ;
texte français de Tsipora Lior.
Traduction de : I want to be a doctor.
ISBN-10: 1-55407-108-9
ISBN-13: 978-1-55407-108-1
1. Médecins – Ouvrages pour la jeunesse. I. Lior, Tsipora, 1940- II. Titre.
R690.L5314 2006   j610.695'023
C2005-904488-8

Publié au Canada par :
Firefly Books Ltd.
66 Leek Crescent
Richmond Hill, Ontario L4B 1H1

Publisher Cataloging-in-Publication Data (U.S.)
Liebman, Dan.
  [I want to be a doctor. French]
  Je veux être médecin / Dan Liebman. –1st ed.
[24] p. : col. photos. ; cm. (I want to be)
Summary: Photographs and easy-to-read text describe the job of a doctor.
ISBN-10: 1-55407-108-9 (pbk.)
ISBN-13: 978-1-55407-108-1
1. Physicians – Vocational guidance – Juvenile literature. I. Title.   II. Series.
610.695 dc22   R690.L54 2006

Publié aux États-Unis par :
Firefly Books (U.S.) Inc.
P.O. Box 1338, Ellicott Station
Buffalo, New York 14205

Références photographiques
© Royalty Free/Getty Images, première de couverture
© Tom & Dee Ann McCarthy/CORBIS, page 5
© Bob Krist/CORBIS, page 6
© Elizabeth Hathon/CORBIS, page 7
© Roy Morsch/CORBIS, pages 8-9
© Warren Morgan/CORBIS, pages 10, 24, quatrième de couverture
© William Taufic/CORBIS, page 11
© David H. Wells/CORBIS, page 12

© Michael Pole/CORBIS, page 13
© Vivian Moos/CORBIS, page 14
© Roger Ressmeyer/CORBIS, page 15
© Gabe Palmer/CORBIS, page 16
© Tom Stewart/CORBIS, pages 17, 19
© Brian Leng/CORBIS, page 18
© Kit Kittle/CORBIS, page 20
© Robert Garvey/CORBIS, page 21
© Ariel Skelley/CORBIS, page 22
© Chuck Savage/CORBIS, page 23

Traduction française : Tsipora Lior
Imprimé en Chine

L'éditeur tient à remercier le Conseil des Arts du Canada, le Conseil des arts de l'Ontario et le Gouvernement du Canada, par l'entremise du Programme d'aide au développement de l'industrie de l'édition, de l'aide financière accordée à son programme de publication.

La lumière de cet otoscope permet au médecin d'examiner l'oreille du bébé.

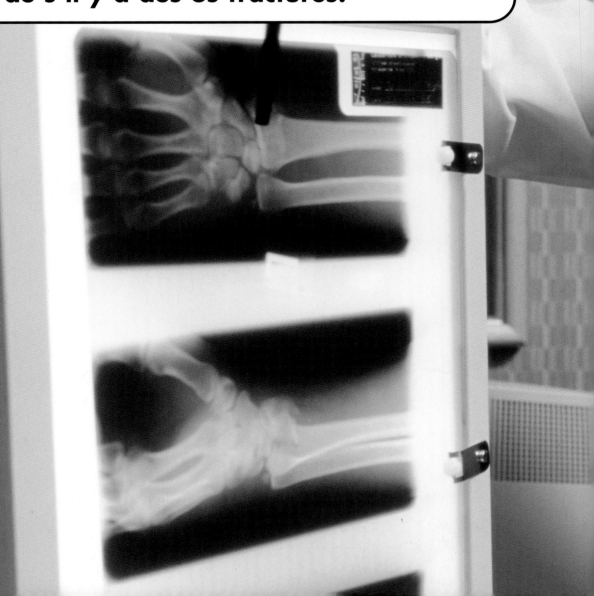

Grâce aux rayons X, les médecins peuvent voir ce qu'il y a sous la peau. Cette docteure regarde s'il y a des os fracturés.

Si tu te fractures un os, le médecin te mettra un plâtre jusqu'à ce que l'os se ressoude.

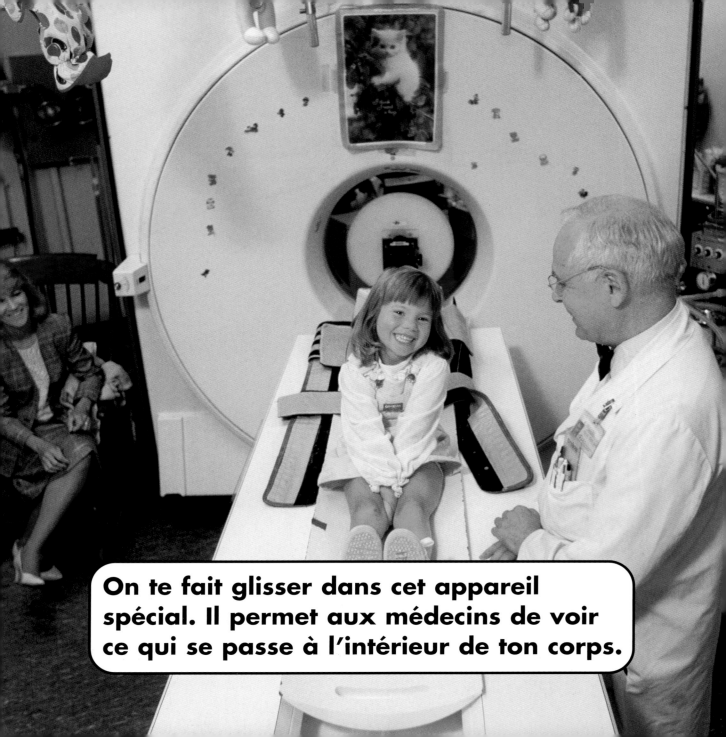

On te fait glisser dans cet appareil spécial. Il permet aux médecins de voir ce qui se passe à l'intérieur de ton corps.

Les médecins traitent leurs patients avec beaucoup de gentillesse.

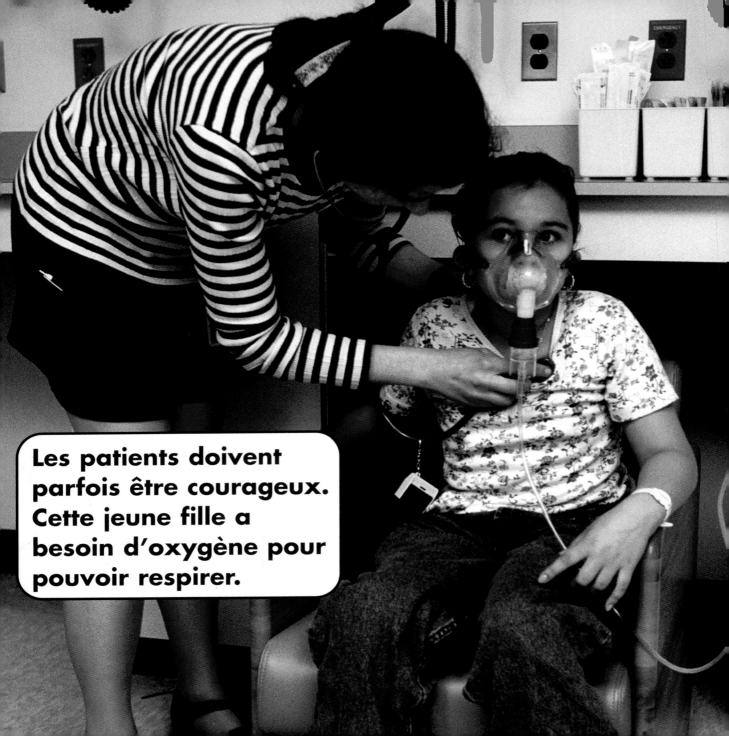

Les patients doivent parfois être courageux. Cette jeune fille a besoin d'oxygène pour pouvoir respirer.

Ce médecin se lave soigneusement les mains avant de toucher le patient. À l'hôpital, il faut veiller à ce que les microbes ne se propagent pas d'une personne à l'autre.

Les hôpitaux tiennent des dossiers détaillés sur chaque patient. Ces dossiers permettent aux médecins de suivre l'évolution du patient.

Ce garçon fait des exercices pour renforcer les muscles.

Dans certains hôpitaux, il y a des salles et des appareils spéciaux pour soigner les enfants.

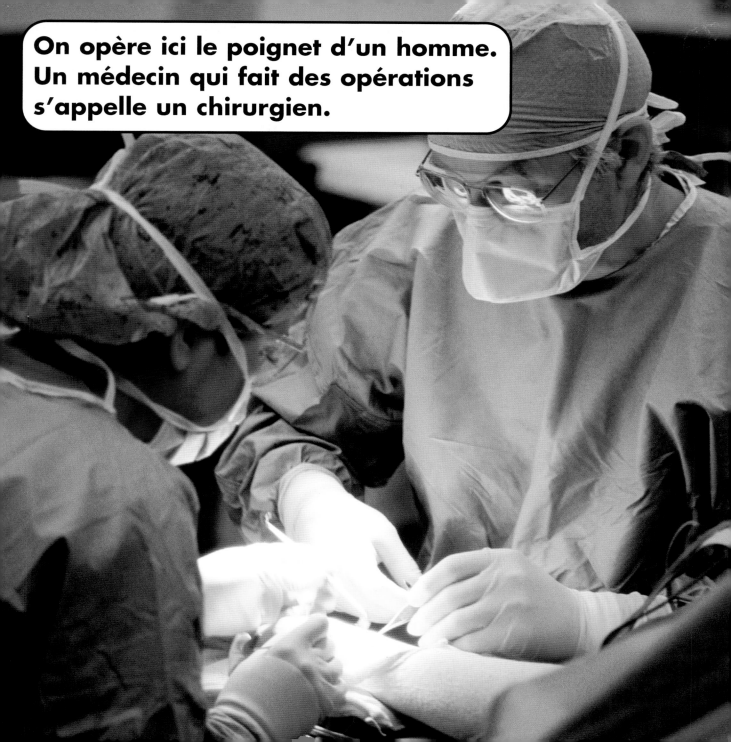

Un patient est transporté à l'hôpital par ambulance aérienne. L'infirmière lui donne des explications sur sa radiographie.

Il est important de faire chaque année un examen de santé pour rester en forme.
Cet appareil mesure la pression artérielle.